AF393004

عَلِّي أراك

أبيّه سيدي سيدي أنّ

عَلَيَّ أراك

شعر

إصدارات دائرة الثقافة، حكومة الشارقة 2023 م

الناشر: دائرة الثقافة ـ حكومة الشارقة ـ الإمارات العربية المتحدة

الهاتف: 5123333 6 971+

البرَّاق: 5123303 6 971+

الموقع الإليكتروني: www.sdc.gov.ae

البريد الإليكتروني: sdc@sdc.gov.ae

811.9661
س أ . ع
سيدي، أبية
علي أراك / أبية سيدي.ـ الشارقة، الإمارات العربية المتحدة : دائرة الثقافة، 2023.
87 ص. ؛ 21X14 سم.
1. الشعر العربي – موريتانيا – دواوين وقصائد
أ. العنوان

ISBN: 978-9948-803-89-8

كُلُّ البُحُورِ

بِحَارِي

أَيُّـــهَا المَلأُ!

مِنْهَا العِذَابُ

وَمِنْهَا المِلْحُ

وَالحَمَأُ!

هَبَطْتُ لِلأَرْضِ

هَلْ فِي الأَرْضِ مِنْ شَجَرِ

أَلْتَفُّ فِيــــهِ

فَيَشْفِي أَنَّةَ المَدَرِ؟؟

الشَّاعِرُ، قَدَرٌ وَحِمْلٌ...

وَحْـدِي مَعَ الوَرَقِ الفَـرَاغِ أُحَمِّلُهْ
أَصْـدَاءَ رُوحِ الفَـنِّ، حَيْـثُ أُدَلِّـلُـهْ

طِفْـلاً لَـهُ وَجْـهُ الصَّبَاحِ بَـرَاءَةً
أَخْشَـى عَلَيْهِ مِنِ الصَّفَاءِ فَأُشْـغِلُهْ

أَهْـذِي، أُقطِّـرُ دَمْعَتِي فِـي ثَغْرِهِ
حَتَّى يَخَـالُ الغَيْـمَ عِنْدِيَ أُشْـكُلُهْ

فَيَقُـولُ لِي: مَهْـلاً، وَأَتْرُكُـهُ نَدَى
يَعْتَـلُّ مِمَّـا قُلْـتُ حَيْـثُ أُجَلِّلُهْ

السَّـارِيَاتُ كَوَاعِبِـي فِـي مَشْـيِهَا
فَوْقَ الحَصَـى، وَالعِطْرَ لَيْلاً تَبْذُلُهْ

أَنَا كُحْلَهَا المَخْبُوءُ يَعْصِرُنِي الذِي
تُجْـرِي مَآقِيهَـا، يُبَلِّـلُ، أُهمِلُـهْ

وَحْـدِي مَعَ الوَرَقِ الفَـرَاغِ أُمَزِّقُهْ

إِنْ حَـامَ تَصْويـرٌ رَدِيءٌ مُسْـدِلُهْ

أَنَا لاَ أُحِبُّ القَاصِرَاتِ مِنَ الرُّؤَى

أَنَـا أَعْشَـقُ المَعْنَـى فَإِنِّـيَ أُجْمِلُهْ

وَحْدِي مَعَ الوَرَقِ الفَرَاغِ أُدَغْدِغُهْ

لِأُقُـدَّ نَـوْمَ البَـدْرِ، عُـودِي يُذْهِلُهْ

أَنَـا أُودِعُ الصُّحُفَ النَّقِيَّةَ شَـهْقَتِي

فَإِذَا سُـلِبْتُ، ثَوَى المَجَازُ، أُغَسِّلُهْ

وَضَلَلْـتُ لَمَّـا قُلْتُ إِنِّي شَـاعِرٌ

وَحْدِي مَعَ البَحْرِ الهَوَى، فَأُجَلْجِلُهْ

وَتَرَكْـتُ «إِينَانَـا» تُخَلِّـدُ قِصَّتِي

فِي ضِفَّتَيْهِ، وَجَفْنَ طَرْفِيَ أُسْـدِلُهْ

الرَّشْقَةُ الإِحْيَاءُ

عُدْ مَرَّةً، «فِينِيقُ»! عُدْ! ذِي السَحْرَقَة
صَبُّـوا القَذَائِـفَ غَيْمَـةً فِي المِنْطَقَه

سَـوْدَاءَ، هَـلْ يَـدْرُونَ أَنَّ دُخَانَهَا
يَكْفِـي لِيَخْلُـقَ طَائِـراً وَمُحَلَّقَـهْ؟!

يَأْبَـى المَمَـاتَ، وَيَنْتَشِـي بِرَمَـادِهِ
حَتَّى الرَّصَـاصُ يَزِيدُهُ عَزْمـاً، ثِقَهْ!

مَثْـوَاهُ يَحْسِـبُ مَـنْ يَـرَاهُ تَبَخُّـراً
وَأَرَاهُ رُوحـاً عَلَّمَتْـهُ الزَّقْزَقَه

وَالشَّـمْسُ – جَاءَ اللَّيْلُ – تَبْكِي رِيشَهُ
نَزَفَتْ دَمـاً، دَمْعـاً عَلَيْـهِ مُحَدِّقَـهْ

نَـزَلَ المَغِيـبُ بِجَنْبِها، تَـذْوِي جَوًى
شَـفَقاً، تَسِـيلُ دُمُوعُهَـا كَالمُحْرَقَـهْ

قَطَعُوا لِسَانَ الـرُّوحِ خِشْـيَةَ بَوْحِهَا
وَالحَـقُّ لَـمْ يَعْـدَمْ صَـدًى لِيُطَلِّقَـهْ

«فِينِيـقُ» رَقَّـصَ رُوحَهُ مُسْتَبْشِـراً،
رَشُّـوهُ بِالبَـارُودِ رَشَّ المُغْدِقَـهْ!

مَا زَالَ فِي الأَضْلاعِ مِـدْرَارُ المُنَى
قَـدْ أَخْطَـأَ التَّصْوِيـبَ غِـرٌّ أَطْلَقَـهْ!

***

خَرجتُ مِنَ المَنْفَى يُلاَطِفُهَا المَدَى

أَوَحِينَ أَفْرَغَ فِي المَسِيرَةِ بُنْدُقَهْ

لَـوْزِيَّـةً ثَـمَـرَاتُـهُ، لِـوَقُـودِهَا

كَسَـرَ المُسَـلَّحُ أُصْبُعَيْهِ وَمَرْفِقَهْ؟

يَدْعُـو إِلَـى عُـرْسِ الحَقِيقَـةِ صَاخِباً

لَـمْ يَبْـقَ حَـيٌّ ثَابِتـاً فِـي المِنْطَقَهْ

***

عِطْرُ الحَيَاةِ أَعَادَهُ مُتَفَائِلاً
«فِينِيـق» إذْ يَهْـوَى السَّـلاَمَ تَعَتُّقَـهْ

«فِينِيـقُ» لَمْ يَأْلَفْ سِـوَى البَيْتِ الذي
تُحْيِـي قَدَاسَتُهُ، يَعِيـشُ شَـرَقْرَقَهْ

* * *

هِـيَ طَلْقَةٌ، مَاتَ الفَتَى؟ لاَ، لَمْ يَمُتْ!
هُـوَ عَائِـدٌ مِـنْ بَعْدِ نَفْيٍ أَرَّقَـهْ!

«فِينِيـقُ» قُرْبَـانُ الحَيَـاةِ كَرِيمَـةً
لَمَّـا أَرَادَ الخُلْـدَ أَحْرَقَ مَفْرِقَـهْ

وَالخُـلْـدُ لاَ يَخْتَـارُ أُفْقاً ضَيِّقاً
لَـوْ لَمَّـهُ جَدَثٌ لَمَـارَ فَزَحْلَقَهْ!

وَلِأَنَّنَا نَهْوى الحَيَاةَ كَريمَةً

نَهْفُو إِلَيْهَا حُرَّةً مُتَدَفِّقَهْ

«فِينِيقٌ» إِذْ يَهْوَى الحَيَاةَ سَعَى لَهَا

«فِينِيقٌ» عَمَّرَهُ اضْطِرَامُ المَحْرَقَهْ!

«فِينِيقٌ» يَوْمِيّاً يُحَرِّقُ نَفْسَهُ

فَيَفُوحُ مِنْهُ اليَاسَمُونَ فَرَزْدَقَهْ

«فِينِيقٌ» يَوْمِيّاً يَعُودُ لِطَقْسِهِ

«فِينِيقٌ» أَمْعَنَ فِي الحَيَاةِ لِتَعْشَقَهْ

وَجَدَ الخُلُودَ ضَريبَةً مَفْرُوضَةً

فَقَضَى دَقَائِقَهَا يُفَسِّرُ مَنْطِقَهْ

***

فِي شَـهْقَةِ المِيـلَادِ أَقْبِـلْ! لاَ تَخَفْ!
لَـكَ مَوْعِـدٌ حُرِّيَّـةٌ لَنْ تُسْـرَقَهْ!

***

مَطَرٌ مُخِيفٌ غَيْرَ أَنَّـكَ عَائِدٌ
مِنْ نَارِهِ نُوراً يُطِيلُ تَرَقْرُقَهْ

إِنْ تَبْتَعِـدْ عَنْـهُ تَمُـتْ، لَا مَوْطِنٌ
يُؤْوِيـكَ، حَتَّـى الجَوُّ رَسَّ تَعَلُّقَهْ

مَـنْ يَبْعَثُ الأَحْـلَامَ بَعْدَ ذَهَابِـهِ؟
الأَرْضُ أَرْضُـكَ إِذْ تَضِـجُّ مُصَفِّقَهْ

لَا تَنْتَظِـرْ دَوْرَ القُـرُونِ لِخَمْسَـةٍ
الصُّبْـحُ أَقْرَبُ صَاحِبٍ، مَـا أَصْدَقَهْ!

***

النَّارُ مِيقَاتُ الـهُدَى وَنُـبُـوَةٌ

لاَ تَـمَّـحِي حَـتَّى يُـتِـمَّ تَفَتُّقَهْ

«فِينِيـقُ» مَزْهَـرَةُ الخُلُـودِ وُهِبْتَهـا

أَنَّـى يَخَـافُ الحُلْـمُ مِنْـكَ تَشَقُّقَهْ!

رَفْـرِفْ بِشَـدْوِكَ ضَاحِكاً! وَلْتَخْتَلِقْ

لَـكَ عَالَمـاً عَـدْلاً تُـحِبُّ تَنَمُّقَهْ!

القَبَسُ المُقَدَّسُ

النَّارُ تَعْشَــقُ مَــنْ تَوَسَّـدَ جَمْرَهَا
حَتَّى أَسَالَ عَلَى الصَّحَائِفِ خَمْرَهَا

النَّار ــ أَعْنِي النُّورَ ــ مُدْفِئَةُ الصَّدَى
إِنْ عَاتَبْتُـهُ الـرُّوحُ عَانَـقَ حَرَّهَا

دَنِــقَ المُعَلِّــمُ عِنْدَهَا مُتَأَمِّــلاً:
العِلْـمُ قَنْطَرَةٌ سَــأَرْكُضُ شَـطْرَهَا

إِنِّــي سَـأَعْبُرُ هَـذِهِ مُتَـوَجِّسـاً
وَدَمِي سَــأَمْزِجُ كَيْ أُخَلِّدَ عِطْرَهَا

هِـيَ شُـعْلَةُ اللَّيْـلِ البَهِيم وَنَفْسُـهَا
تَأْبَـى مُلاَطَفَــة الدَّعِــيَّ مَقَرَّهَا

فَتَرُدُّهُ يَجْرِي لِيَخْبَأَ وَجْهَهُ

لاَ، لَنْ يَعُودَ لِنَصِّهَا إِذْ فَرَّهَا

وَلِأَنَّهَا القَبَسُ المُقَدَّسُ لَمْ تَزَلْ

تَهْذِي بِسِرِّ المَاءِ، تُضْحِكُ نَهْرَهَا

تَغْلِي لِتَعْتِقَ غَيْرَهَا مِنْ ظُلْمَةٍ

سَلَبَتْهُ وَجْهَ الضَّوْءِ تَغْرِسُ ظُفْرَهَا

***

العِلْمُ حَامِلُهُ عَظِيمٌ قَدْرُهُ
كَمْ يَسْتَحِقُّ مِنَ القَصِيدَةِ عُقْرَهَا!

هُوَ ذَابِلٌ يَشْقَى لِيُسْعِدَ غَيْرَهُ
وَالنَّكْبَةِ الكَأْدَاءَ يَفْلِقُ صَخْرَهَا

فَكَأَنَّهُ لِلْأَنْبِيَاءِ خَلِيفَةٌ
مُوسَى تُحَمِّلُهُ الأَمَانَةُ دُرَّهَا

وَيَرَى بِقَلْبٍ طَاهِرٍ مَا حَوْلَهُ
فَيَرَى الهَوَى أَلاَّ تُعَانِقَ مُكْرَها

فَكَأَنَّمَا رُوحُ الفَرَاشَةِ رَوْحُهُ
النَّارُ مَشْرَبُهُ سَيُكْمِلُ عَصْرَهَا

القَـدْحُ وَالإِيــرَاءُ فِي كَبِـدِ الدُّجَى
لَــنْ يَتْـرُكَاهُ، فَقَدْ تَنَشَّــقَ سِــحْرَهَا

جَسَــدٌ عَلَى النَّــارِ الهُـدَى مُتَقطِّرٌ
أَ لَدَيْـهِ صَاخِبَـةٌ فَتُسْـنِدُ نَحْرَهَا؟

مُتَجَرِّداً مِمَّا لَـهُ، يُلْقِـي بِـهِ
فِي النَّاسِ مِشْــكَاةً سَــتُنْبِتُ زَهْرَهَا

***

النُّسْكُ يَعْنِي أَنْ تَعِيشَ حَقِيقَـةً

تَسْعَى بِهَا فِي الْخَلْقِ تَقْرَأُ سِفْرَهَا

وَسَبِيكَةُ التَّعْلِيمِ أَجْمَلُ نَجْمَةٍ

تُغْرِي سُهَيْلاً كَيْ يُسَرِّحَ شَعْرَهَا

وَتَـرَى الأَنَامَ إِذَا أَطَلَّـتْ مِنْ عُلًى

يَحْكُونَ هَلْ كَشَفَتْ لِسَهْوٍ قَصْرَهَا؟

بَعْضٌ يَقُولُ: تَسَـاقَطَتْ مِنْ قَهْرِهَا

وَيَقُولُ بَعْضٌ: قَـدْ أَبَانَتْ خَصْرَهَا

أَمْ أَنَّـهُ ثَغْرُ السَّمَاءِ، تَبَسَّـمَتْ

فِي عُرْسِهَا، وَالأَرْضُ تَنْظُرُ قَطْرَهَا؟

قَـدْ كَانَ مُعْتَـزِلاً يَضِنُّ بِنَفْسِهِ

لا بَـذْرَةً يَأْتِـي لِيُنْضِجَ كَفْرَهَا

***

لاَ يَصلُـحُ التَّعْلِيـمُ حِيلَـةَ مَغْنَـمٍ
حَـقُّ الرِّسَـالَةِ أَنْ تُبَلِّـغَ أَمْرَهَـا

مَنْ لَـمْ يَذُبْ فِي النَّارِ أُعْدِمَ نَبْضَهَا
تَتَمـرَّدُ الكَلِمَاتُ، يَجْهَلُ سَطْرَهَا

***

إِنَّ الحَيَـاةَ المَـوْتَ دَفْـنُـكَ لِلسَّـنَى
وَالنَّـاسُ فِي البَلْوَى تَعُدُّكَ ذُخْرَهَا!

العِلْـمُ يَصْلُـحُ أَنْ تَقُـصَّ خَفِيَّـهُ
لَا سِـلْعَةً تُزْجِي لِتَقْبِضَ سِعْرَهَا!

وَقَلِيلُـهُ مُتَكَامِـلاً يَكْفِـي الدُّنَـى
لِتَخِـرَّ لِلإِنْسَـانِ تَعْسُـلُ مُرَّهَا

وَإِذَا اسْـتَقَرَّ بِكَائِـنٍ لَـمْ يَنْسَـهُ
حَتَّى يُبَوِّئَـهُ المَرَاقِـيَ ظَهْرَهَا

الجَهْـلُ حَبْـلُ القَبْرِ، مَـوْتٌ هَادِئٌ
إِنْ خَالَطَتْـهُ الرُّوحُ أَتْقَـنَ ذَرَّهَا

البَحْـرُ مُتَّسِعاً يَضِيقُ بِمَسِّـهِ
خَنْقـاً فَيَخْبُـلُ لِلسَّفِينَة قَشْـرَهَا

مِنْ سُبْحَة المَطرِ

الشَّمْسُ سَاجِدَةٌ للهِ، والقَمَرُ
«أَسْتَغْفِرُ الله» مَاذَا يَفْعَلُ البَشَرُ؟!!

هَلْ يَكْفُرُونَ بِرَبٍّ لاَ شَرِيكَ لَـهُ
والخَلْـقُ فِي يَـدِهِ مَقْبُوضَـةً شَعَرُ!

هَلْ يُنْكِرُونَ بَدِيعاً مِنْ تَفضُّلِهِ
قَرُّ السَّمَاءِ، ومِنْهَا المَاءُ يَنْهَمِرُ!

تِلْكَ النُّجُومُ السَّوَارِي فِي المَدَى، عَجَبٌ
سَمْكُ السَّمَوَاتِ لاَ صُوفٌ ولاَ وَبَرُ

والرِّيـحُ مُرْسَلَةٌ لِلْبَـذْرِ تُلْقِحُهَا
ورَحْمَةُ اللهِ تُحْيِي، يَنْتَشِي الشَّجَرُ

وَيَمَّحِي اللَّيْلُ حِيناً، وَالنَّهَارُ عَلَى
آثَارِهِ مُبْصِرٌ، فِي وَجْهِهِ الـدُّرَرُ

اللهُ يَخْلُـقُ مِـنْ نُـورٍ مَلائِكَـةً
لاَ يَفْتُرُونَ عِنِ التَّسْبِيحِ، .. وَالمَطَرُ

وَالنَّجْـمُ، وَالجَبَـلُ الرَّاسِـي يُسَبِّحُهُ
إِنَّـا لَـنَعْلَمُ أَنَّـا طِـينَةٌ مَـدَرُ

وَالـرُّوحُ مَنْفُوخَـةٌ فِيهَـا إِذِ الْتَحَمَـتْ
فِي صُـورَةٍ كَمُلَتْ تَحُوطُهَا العِبَرُ

فَاغْفِـرْ لَـنَا رَبَّـنَا ذُنُوبَـنَا وَقِـنَا
سُوءَ العَـذَابِ، فَمَا يُبْقِي وَمـاَ يَـذَرُ

الشَّاعِرَةُ المَنْبُوذَةُ

يَجُرُّنِي الفِكْرُ جَرّاً غَيْرَ مُمْتَدَحِ
بَرَّرْتُ مَا ارْتَكَبَتْ «ريحٌ» مِنَ الجُنَحِ!

فِي لَطْمِهَا أَدْمُعَ الغَيْمَاتِ أَسْئِلَةً؟
مَاذَا جَنَتْ هَذِهِ فِي زَحْمَةِ الفَرَحِ؟

عَوِيلُهَا مُفْزِعٌ، مَا كَانَ يَحْمِلُهَا
عَلَى التَّأَفُّفِ مِنْ قَطْرٍ عَلَى بَطِحِ؟

مُخِيفَةٌ أَيْنَمَا وَلَّتْ بِأَوْجُهِهَا
الشُّؤْمُ مَرْكِبُهَا فِي مَبْلَغِ التَّرَحِ

وَكُلُّ مُلْتَقِمٍ مِنْهَا أَذِيَّتَهَا
سَمَّى: عَجُوزاً عَقِيماً غَيْرَ مُصْطَلِحِ

قَوْلِــي لَــهُ: رُبَّمَــا تَأْتِي عَلــى ضَرَرٍ

ضَاقَتْ بِهِ نَفْسُهَا، والشَّخْصُ لَمْ يَرُحِ

تُــوَزِّعُ الْحُــزْنَ أَحْــجَاراً مُشَطَّرَةً

تُغْوِي وَتُــرْمِــدُ رَائِيهَا مِــنَ اللَّتَحِ

فِيهَا اضْطِرَابٌ، خَــرَابٌ مِنْ صَنَائِعِهِ

سَلْخُ الْخُدُودِ وَخَدْجُ الطَّلْعِ وَالبَلَحِ

تَرْمِي الحَصَى شَــرَراً لَمَّا رَأَتْ بَشَراً

لَمْ يَأْخُذُوا عَلَقَ الْمَعْنَى عَلى وَضَحِ

فِــي ذِمَّةِ الرِّيحِ، هَــلْ فِي التِّيهِ مِنْ أَثَرٍ

أَضَــلَّ سَائِلَهُ لِلْعَيْنِ لَــمْ يَلُحِ؟

***

شَـذَذْتُ عَـنْ حُكْـمٍ نَافِيهَـا وطَارِدِهَا
فُوهَـا الحَقِيقَـةُ تَتْلُوهَـا بِـلَا شَـبَحِ!

إِنَّ الحَصَـى شَـعْرُهَا قَصَّتْـهُ نَائِحَـةً
عَلَـى بَنِـي آدَمَ السَّـاهِينَ عَـنْ سُـبَحِ

وَالصَّـوْتُ إِلْقَاؤُهَـا الأَشْـعَارَ فِي أُمِمٍ
حَافُوا كَثِيراً فَمَا نَامَتْ مِنَ الضَّبَحِ

لَـمْ يَفْهَمُوهَـا لِأَنَّ الـدَّاءَ: حَنْجَرَةٌ
صَدَّى تَمُوتُ، فَمَنْ يَنْجُو مِنَ الضَّرَحِ؟

وَهَـكَـذَا تَـلْـتَـوِي تَـئِـنُّ خَـاصِـرَةً
فَتَلْقُطُ الغَيْمَ كَيْ تُشْفَى مِنَ البِرَحِ

إِذْ جَـفَّ مِقْوَلُهَـا سَـرْداً لِمَـا طَرَفَتْ
وَكُلَّمَـا وَصَفَـتْ عَانَـتْ مِـنَ البَحَـحِ

وَعِنْدَمَـا تَرْتَخِـي تَـأوِي إِلَـى نَسَـمٍ
كَأنَّهَا لَـمْ تَصُـلْ يَوْمًا وَلَـمْ تَنُحِ

قِرَاءَةٌ فِي السَّفْسَافِ

ذَلِكَ الَحَـرْفُ مُوغِلاً فِـي غُيُومِهْ

فَاقْتَنِصْـهُ أَوْ فَلْتَتْـهُ مِـنْ رُجُومِهْ!

إِنْ تَبَيَّنْـتَ مِـنْ شَـظَايَاهُ شَـيْئاً

كُـنْتَ عَرَّافَـهُ بِـفَهْمِ هُمُومِهْ

فَاصْعَـدَنْ نَحْـوَهُ بِـلَا سُـلَّمِ بَلْ

رِيشَـةٍ تَسْـأَلُ المَدَى عَـنْ نُجُومِهْ

إِذْ تَـرَى فِـي الخَيَـالِ قَـارُورَةً لَمْ

يَخْتَرِقْهَـا الهَـوَاءُ رَغْـمَ سُمُومِهْ

فَتُحيـلُ الـذي بِهَـا قَطـرةً فِـي

شَـفَةِ الرَّمْلِ يَنْتَشِـي مِـنْ كُرُومِهْ

ثـمَّ آتِيـكَ نَافِخـاً طِينـةَ الشِّعْـ

ـرِ فَتَخْتَـالُ آخِـذاً مِـنْ ثُومِـهْ

خَابِـزاً فِي السَّـرَابِ فَرْحَـةَ وَبْلٍ

فَتَـرَى اليَـأسَ مُقْلِعاً عَـنْ كُلُومِهْ

تَساؤُلٌ

ذَاتَ يَـوْمٍ سَـأَلْتُ قَطْـرَ دَوَاتِـي
مَـنْ تُنَـادِي، أَيَـا صَفِيحَـةَ ذَاتِـي؟

أَتَـرَى هَيِّنَـاً رُكُوبَـكَ مَعْنَـى
يَجْمَـعُ النَّـاسَ دُونَ أَيِّ شُـكَاةِ؟!

مُخْطِـئٌ أَنْـتَ إِنْ أَخَـذْتَ بِهَـذَا!
فَلْتَكُنْ طَائِـرِي بِلَـمِّ شَـتَاتِي!

وَاخْلِـطِ المَـاءَ مَالِحَـاً وَفُرَاتَـاً
وَاحْـرُقِ الطِّيـبَ فِي بَقَايَـا فُتَاتِ!

أَعَرَفْتَ الضِّيَـاءَ لَـوْلَا ظَـلَامٌ
هُـوَ مِنْـهُ ثُمَالَـةُ الأَوْقَـاتِ؟

إِنَّ مِنْهُـمْ مَـنْ يَسْـتَقِي لِوُضُـوحٍ
أَوْ غُمُـوضٍ كَضَيْعَـةٍ فِـي فَتَـاةِ

عَلِّي أَرَاكَ...

أَنْـتَ الـذِي لِجُـرُوحِ الخَلْـقِ تَلْتَهِبُ
النَّـارُ فِيـكَ، وَفِـي أَيْدِيهِـمُ العِنَـبُ!

***

قَالُـوا، وَقُلْـتَ: سَـلاَمٌ، حِينَمَـا لَتَحُوا
بِالإِثمِ وَجْهَكَ، لَمْ تَنْقُرْ، وَهُمْ خُشُبُ!

وَكُلَّمَـا مَضَحُوا مِـنْ ضَوْئِكَ امْتَدَحُوا
الشَّمْسُ مِنْكَ عَلَى الأَنْـداحِ تَنْسَحِبُ

***

عَلِّــي أَرَاكَ طبيبِـــي، عِلَّتِـي حَفَـرَتْ

صَـدَايَ، لاَ دَمْعَ مِنْ عَيْنَيَّ يَنْسَكِبُ

أَلاَّ يُملِّحَنِي، فَالجِسْمُ مُقْتَرِحُ

وَإِنْ تَـــرَاءَى سَلِيماً مَـا بِـهِ نَدَبْ

أَبِيـتُ أَجْمَعُنِـي، وَلَيْلَتِـي كَفَـرَتْ

وَمَـا تَقُـولُ هَسِيساً، كِـدْتُ أَنْتَحِـبُ

***

النُّـورُ فِـي القَصَـبِ الأَضْــلاَعِ مُتَّقِدُ
أَنْتَ الذِي تَمْسَحُ الدُّنْيَا، فَكَمْ تَصِبُ!

رَأَيْـي جَبِينَـكَ يُرْوِينِي عَلَـى ظَمَئِي
تَـلُوحُ مِنْهُ حِيَـاضٌ حَفَّهَا الطَّلَبُ

إِنَّـا تُـرَابٌ، فَمِـنْ مَـاءٍ، وَمِـنْ حَمَأٍ
إِلَى العِظَامِ رَمِيماً، سَوْفَ نَنْقَلِبُ

لَمَّا خُلِقْتَ بُعِثْنَا، رَشَّنَا ثَمَدُ
تَشَكَّلَ الضَّحْكُ فَوْقَ الشَّرِّ، وَالحَبَبُ

***

عَلـى زَرَابِـيَّ مِنْ شَـوْكٍ، وَمِـنْ إبَرٍ
يَنُوءُ صَـدْرُكَ حَمَّالاً لِمَا ارْتَكَبُوا

فَالمُطْمَئِنَّـةُ رُوحُ الأَرْضِ آمِـدَةً
سَلِمْتَ جِلْداً، وَلَمْ يَرْجُفْ لَهَا زَغَبُ

إِنِّي عَلى شَـفَةِ التَّصويـحِ مِنْ عُمُري
وَالجُودُ مَا اشْتَمَلَتْ كَفَّاكَ، وَالسُّحُبُ

عَلـى دُعائِـكَ تَغْفُو العَيْـنُ بَـارِدَةً
مِنَ السَّكِينَةِ، لَـمْ يَقْلَقْ لَهَا هَدَبُ

مِنْ رَأْفَـةٍ فِيكَ، مِنْ مَشْـي عَلى حَذَرٍ
كَيْلاَ يَسِيلَ هَيَامٌ حَيْثُ تَلْتَحِبُ

***

كُلُّ الحُرُوف شَـظَايَا صَخْـرَةٍ نَكِدَتْ
وَفِـيكَ تَـقْـطُـرُ شَـلْـشَـالاً فَأَحْـتَـلِبُ

أَنْتَ السَّـمَاءُ التِي فِـي نَضْحِهَا صِلَةٌ
سِيَّانِ فِي النَّفْحِ رَأْسُ النَّاسِ وَالذَّنَبُ

عَلَـى خُطَاكَ تَخُـطُّ الأَرْضُ زُخْرُفَهَا
إِذَا اسْتَقَتْكَ، يَكُونُ السَّيْلُ وَالأَرَبُ

أَلْفَتْـكَ مُلْحَفَهَـا، تَجُـرُّ مِلْحَفَهَا
مِمَّا تَسُحُّ بِهَا، فَيَخْضَرُ الحَصَبُ

تَـرَى بِقَلْـبِ النُّهى، رُؤْيَـاكَ حَاصِلَةٌ
وَمَـا سِـوَاهَا دُخَـانٌ شَـارِدٌ شَجِبُ

تَشْحُو السَّـنَابِلُ نَفْخَ الزَّهْوِ أَنْ وَجَدَتْ
لَـدَيْكَ، يَهْفُو إِلَـى سِيقَانِهَا الحَرَبُ

***

النَّاسُ مِنْ سَدْفَةِ الحُمْـقِ العَقِيمِ لَهَوْا
وَالطَّرْفُ مِنْكَ عَلَى عَوْرَاتِهِمْ عَشَبُ

كَيْمَا يُخَبِّئَهَا لُطْفاً بِفَاعِلِهَا
لَعَلَّهُ مُسْلِمٌ لَمَّا يَصِلْ سَبَبُ

فِي قَلْبِكَ اللهُ، فِي نُفُوسِهِمْ حَسَـدُ،
مِنَ السَّنَى ذَهِبُوا، وَجِيئَةً ذَهَبُوا؟!

وَالقَيِّمَانِ عَلَى أَكْتَافِهِمْ وَلَجَا:
بُـرْدٌ وَبَـرْدُ سَـلامٍ مِنْهُمَا الحَدَبُ!

فِيـكَ الكَمَــالُ تَـوَارَى أَنَّـهُ جَسَـدُ
وَالـرُّوحُ خَالِـدَةٌ، بِالبَـدْرِ تَحْتَجِـبُ

تَأْتِـي الصَّلاَتُ عَلَـى نِيَّـاتِ غَازِلِهَا
زَمَمْتَهَـا، فَتَسَـاوَى العُجْـمُ وَالعَرَبُ

إِنَّ الذِيـنَ افْتَـرَوْا عَلَيْـكَ، ثُـمَّ مَهْوا،
مَا يَلْطَخُونَ سِـوَى مَـاءٍ بِـهِ شَنَبُ!

***

عَلَى عَصَايَ كِتَاباً قُمْتُ مُسْتَنِداً
أَهُزُّهَا نَخْلَةً، يَسَّاقَطُ الرُّطَبُ

عَلِّي أَرَاكَ طَبِيبِي، سَمَّنِي زَمَنِي،
كُلُّ الحَنِينِ الذِي فِي الغَيْمِ مُنْتَسِبُ...

مِنْكَ المُحَيَّا صَبَاحٌ، يُسْتَضَاءُ بِه
حَتَّى يَخُونَ قَتِيلاً طَائِشٌ غَرِبُ!

فَالحَرْبَ مِنْ عَلَقِ الأَحْقَادِ تَغْسِلُهَا
سَلَكْتَ فِيهَا يَداً بَيْضَاءَ، فَالكَذَبُ!

النَّاسُ نَوْمٌ، وَفِيكَ النَّفْسُ تُنْبِلُهَا

تَزْفِي بِهَا دُونَهُمْ، وَمِنْهُمُ الشَّغَبُ!

أَنْتَ الرَّسُولُ الذِي يَبْقَى بِلاَ شَبَهِ

عَلَى المُحَاكَاةِ يَلْوِي الكَوْنُ، يَسْتَهِبُ

الرِّيحُ نَائِحَةً تَسَفَّهَتْ فَنَنِي

كَانَ التَّحَتْحُتُ حَظِّي، كِدْتُ أَنْشَعِبُ

عَلَى مَسَافَةِ رُوحِي لُحْتَ لِي ثَأَداً،

إِنِّي أَمُوتُ نَوًى، إِيَّاكَ أَرْتَقِبُ

خُلّةُ شَاطئ

لِي شَـاطِئِي، والحَـرْفُ يَعْلَمُ أَنَّنِي

لَا أُخْلِـفُ المِيعَـادَ مَهْمَـا يَنْثَـنِ

هُـوَ مَا يُذِيعُ المَدُّ عَـنْ بَحْرٍ جَرَى

مُتَحَسِّسَـاً مَـا حَوْلَـهُ إِذْ يَعْتَنِي

أَنَّـى يُلَـوِّحْ لِـي أَلَـوِّحْ مِزْبَـرِي:

«أَنَا مِنْكَ» فَوْقَ المَاءِ، جَهْراً عُدْتَنِي

سَـلْ مَا تَشَـاءُ تَجِدْ فُـؤَادِي قِطْعَةً

تُمْـدِدْكَ طُولاً فِـي اليَدَيْـنِ فَأُرْقَنِ

كَيْمَـا يُصَافِحَـكَ البَعِيدُ تَقَرُّبَـاً

مِنْـكَ ارْتِشَـافاً مِـنْ مَعِيـنٍ مُعْلَنِ

عَرَّفْتِنِي ذَاتَ المَحَاسِنِ كُلَّهَا
لُغَـةَ الكِتَـابِ الطَّاهِـرِ المُتَسَـنَّنِ

لَا تَسْـأَلَنِّي عَـنْ عَبِـي! أَحْبَبْتُهَا
عَـنْ ذِكْـرِ نَفْسِـي حِينَمَـا عَلَّلْتَنِي

مِنْ قَبْـلُ جِئْتُكَ، لَوْ أَتَيْـتُ بِغَيْرِهَا
لَرَفَضْتِنِـي وَأَخَذْتِنِي مِنْ مَسْـكَنِي

أَوْ رُبَّمَـا أَغْرَقْتِنِـي، فَلِأَنَّهَا
حِرْزِي مِنَ الأَهْـوَالِ كُنْتَ كَنَنْتَنِي

هِـيَ ذَاتُ لَـوْحٍ لِلْمُجَـدِّفِ نَحْوَهَا
فِي كُلِّ عِلْـمٍ كُنْهُـهُ لَـمْ يُتْقَنِ

عَوْذَةٌ رُوحِيَّةٌ

رُوحِي تَنُوحْ

يَغْدُو بِهَا جَسَدِي سُدَى

وَأَرُوحُ، مِنْ كَمَدِي إِلَى كَفَنِ الرَّدَى

وَادِي دَمِي مُتَقَطِّعٌ...

مُتَصَدِّعٌ...

لاَ قَطْرَ فِيهِ مِنَ السَّعَادَه

وَأُرِيدُ مِفْتَاحَ السَّعَادَه

فَشُحُوبُ أَوْرَاقِ الرَّبِيعِ، وَفِي دَمِي

حَدَثٌ فَظِيعْ

خَدِّي اشْتَكَى وَخْزَ الوِسَادَه...

يِا طَارِقاً قَلْبِي دُجَى

أَوَقُلْتَ لِي: «خَمْرٌ وَغَادَه»

يَا مُسْعِفِي

لَا! لَنْ أُطِيعْ!

أَخْشَى البَلَاهَةَ فِعْلَهَا

فَلَكَمْ أَعَادَتْ لِلْقَطِيعْ...

مِنْ بَعْدِ مَا لَفَّ الشَّوَى جَسَدُ القَتَادَه.

دَهْرِي اعْتَدَى، فَقَطَعْتُ مِنْ مَعْنَاهُ (دَهْ)

لَا تَبْتَئِسْ!

قَدْ يَعْتَدِي، وَيُضِيفُ فِي الأَطْرَافِ (دَهْ)!

وأُرِيدُ مِفْتَاح السَّعَادَه!

أَوَقُلْتَ لِي: لَا مَلْجَأٌ، وَسَدَدْتَ أَبْوَابَ الرَّجَاءِ بِمُقْلَتِي...

وَقَلَعْتَهَا مِنْ مُؤْقِهَا...!

لاَ أُفْقَ لِي

أَلِكَيْ أَضِيعْ؟؟!!

خَيْرٌ وَشَرٌّ، يَتْبَعَانِ حُشَاشَتِي

يَا زَائِرَيَّ أَكَادُ لاَ أَلْقَاكُمَا إِلاَّ ارْتِعَاده

كُونَا عَلَى الخَيْرِ الذِي يَشْفِي الصَّرِيعْ!

أَأَطَلْتُمَا، لَمْ تُسْعِفَا إِلاَّ بِسَمٍّ وَانْتِحَارْ؟

أَمْرٌ مُرِيعْ!

أَدْرَكْتُ أَنِّي ضَائِعٌ، لاَ يَسْحَبَانِي خَلْفَ نَارْ!

أَوْ خَلْفَ تِيهٍ فِي بُحُورٍ مِنْ غُبَارْ!

أَنْسَانِيَ الشَّيْطَانُ ذِكْرَ مُصَوِّرِي، وَأَقُولُ: «رَبِّ اغْفِرْ وَأَنْزِلْنِي

السَّعَادَه»!

وَصَعِقْتُ مِنْ طَلَبِ السَّعَادَه...

صَوْتٌ سَمَاوِيٌّ يَقُولُ:... مُحَمَّداً!

اذْكُرْهُ يَنْفَتِحِ المَدَى!

وَيْحِي أَيَبْسَمُ لِي البَرِيقُ؟!

وَذَوَيْتُ فِي دَمْعِي أُقَلِّبُ رِيشَتِي:

رُحْمَاكَ رَبِّي، إِنَّ نَفْسِي شَاهِده...

أَنَّ الرَّسُولَ شِفَاءُ رُوحِي العَانِده

صُمّاً وَبُكْماً ثُمَّ عُمياً أَبرَأَتْ...

كَفّاهُ، كَمْ يُحْيِي لِرَبْعٍ جَامَدَه!

شَفَتَاهُ لِلْأُذُنَيْنِ مُصْحَفُ عَابِده،

يَكْفِي رِضَاكَ وَمَدْحُهُ، لِتَؤُوبَ رُوحِي الشَّارِدة.

هُـوَ وَاحِدٌ فِي النَّاسِ فِي حِلْمٍ، وَفِي عَفْوٍ، وَفِي جَلَدٍ، وَفِي حُبِّ البَلَدْ.

هُوَ وَاحِدٌ فِي النَّاسِ فِي قَوْلٍ، وَفِي عَمَلٍ، وَفِي حِفْظِ الذَّمَامْ.

هُوَ وَاحِدٌ فِي النَّاسِ فِي رَدْمِ الخِصَامْ

هُوَ مَا رَأَيْتُ لِخُطْوَتِي مِنْ بَعْدِمَا كَشَفَ الحِجَابْ

هُوَ آيَةٌ يَهْوِي لَهَا سَدَفُ الظَّلَامْ

هُوَ مَا حَفِظْتُ مِنَ الشَّمَائِلِ فِي الكِتَابْ!

هُوَ خَيْرُ مَنْ وَطِئَ التُّرَابْ

هُوَ خَاصِفٌ فَوْقِي الشَّفَاعَةَ إِنْ تَنَكَّرَ لِي الثِّيَابْ

هُوَ مَا يُظِلُّ مِنَ الغَمَائِمِ وَالسَّحَابْ

هُوَ مَا عَرَفْت لِلّاهِفٍ مِنْ بَعْدِمَا صُرِفَ العَذَابْ

هُوَ نَفْحَةٌ وَالسُّقْمُ فِي نِقْيَ العِظَامْ

هُوَ جَنَّةٌ، لِلْخُلْدِ بَابْ

هُوَ مَا رَأَيْتَ مِنَ السَّكِينَةِ لِلْحَمَامْ

إِذْ لَا تَبِيضُ بِمَوْضِعٍ غَيْرِ السَّلَامْ!

فَالمُنْكِرُونَ رَسُولَهُمْ قَالَتْ لَهُمْ: «دَخَلَ السَّلَام

فِي الغَارِ، صِدِّيقٌ مَعَهْ»!

لَوْ يَعْلَمُونْ!

وَالعَنْكَبُوتُ بِبَيْتِهِ أَمْناً يَنَامْ

«دَخَلَ السَّلَامْ»

****

وَوَجَدْتُ مِفْتَاحَ السَّعَادَه

أَنَا مُسْلِمٌ دِينِي عَقِيدَةُ مُزْنَةٍ، كُلُّ الخَلَائِقِ رُقْعَةٌ لِبُكَائِهَا

وَدُعَائِهَا

لَا تَعْرِفُ الأَعْرَاقَ إِلاَّ السَّاجِدَه...

الطِّينُ لَوْلاَ المَاءُ رُوحٌ خَامِدَه.

غَمِيسٌ أَعْرَابِيّ

... وَإِنَّنِي عَـاذِبٌ، هَلْ يَصْدُقُ الإِبِلُ؟
أَمْ إِنَّـهُ كَـاذِبٌ، لَنْ يَجْرَعَ الطَّلَلُ؟

وَالسَّـلْمُ مُحْتَشِـمٌ، أَمُخْلِـفٌ عِدَتِـي
هَـذَا الـذِي رُمْـتُ، مِنْ إِيحَائِهِ مَلَلُ

كِنْفَـاً أَزَمِّـرُ إِنْ أَلْقَـى مَرَاضِبَـهُ
عَلَى الخُدُودِ، فَجُرْحُ الدَّعْصِ يَنْدَمِلُ

أَتَرْنَـعُ الصَّخْرُ؟ أَمْ تَعْتَـلُّ: «بِي عُقَدٌ
تَلْوِي لِسَانِي، وَعِيِّي رَاغَـهُ البَلَلُ»

أَمْ أَنَّنِـي صَابِئٌ شَـطْرَ الحُرُوفِ، وَلَا
قُرْبَى حَفِظْتُ، وَطَرْفِي مَسَّهُ الكَلَلُ؟

فَأَصَـأَبُ الطِّيـنَ آحـاً غَيْـرَ مُدْرِكِهِ
وَمِلَّـتِي بِـدَعٌ ضِغناً سَتَبْتَزِلُ؟

وَأَسـتَحِثُّ قُبُـورَ الحَـرْفِ أَنْبُشـهَا
وَالعَرْشُ مِنْ تَحْتِهَا رَوْحٌ بِهِ أَصِلُ

***

أَظُنُّـهُ إِنْ أَتَـى أَصْغـى لِجَارِيَـةٍ
تُغْرِيهِ حُسْناً وَغَمْساً حَيْثُ تَغْتَسِلُ

لَسَـوْفَ تُغْمِضُنِـي، وحِينَ تَرْمُقُـهُ
يَسْهُو وَيَلْهُو مَلِيَّاً، ثَمَّ أَكْتَحِلُ

لَكِنَّـهُ عَـادَ قَبْـلَ الفَجْرِ مُنْكَسِـراً:
(لَا تُتْبِعُ الشَّمْسُ غَرْباً حِينَ تَعْتَزِلُ)

يَا كُمْدَةَ الحُبِّ، يَبْكِي غَيْـرَ مُنْضَبِطِ

يَا ضَيْعَةَ الحَبِّ... وَالأَوْرَاقُ تَشْتَعِلُ!

يُحَمِّـلُ الطَّلْـعَ أَمْـراً لَيْـسَ يَعْلَمُهُ

وَيَجْرَحُ الغُصْنَ سَلْقاً، رِعْشَةً يَشِلُ

تَشِـي بِهِ الرِّيـحُ لِلرَّمْضَاءِ، يَـا عَجَباً

وَوَيْحَـهُ، مَـا لَهَـا مِـنْ لَحْسِـهِ بَدَلُ!

وَالعُـودُ أَهْلَـكَ مَكْسُـورٍ يُذَلِّلُـهُ

فَيَشْـتَكِي قَلِقـاً، مِـنْ فَوْقِـهِ خَجَـلُ

***

يَـا ذَائِدِي رُوطَ مَنْ أَهْوَى أَتَصْدُرُنِي؟
خَلِّ السَّبِيلَ! وَإِنْ... لَا، سَوْفَ أَنْتَصِلُ!

وَلَا تَقُـلْ: تِلْـكَ عَيْـنٌ أُمَّهَـا نَدَبـاً
بَلْ هَذِهِ العَيْنُ عَيْنِي، لَسْتُ أَرْتَحِلُ!

وَإِنَّهَـا زَمْـزَمُ المَعْنَى وَجَنَّتُهُ
أَمْسِـكْ قَطِيعَـكَ أَوْ هَذِّبْـهُ يَا رَجُلُ!

وَإِنَّهَـا رِيشَـةُ المُصْفِـي وَمَرْبَغُـهُ
حَلَّـتْ مِنَ القَلْـبِ رُوعاً مَا بِـهِ خَطَلُ

يَـا ضَارِبِي عُودِهَا، عَوْدِي إِلَى نَدِهَا!
مِنِّـي الرُّعَافُ سَلِيلٌ، مَاؤُهَا عَسَلُ

أَمُــوجُ فِــي بَحْرِهَــا الطَّامِي أُسَــائِلُهُ

عَنْ مَخْبَأً النُّونِ حَتَّى يُعْبَرَ الظُّلَلَ:

«إِنِّــي رَأَيْــتُ جَــرَاداً حَوْلَــهُ غَنَــمٌ

وَمِحْلَبِــي فَــارِغٌ، وأَمْرُهُــمْ جَلَــلُ

فَلِــي عَصَــا العُــودِ أُلْقِيهَا لِأَحْمِلَهُــمْ

عَلَــى التَّفَــرُّقِ، لَكِــنْ مَــا بِهِــمْ وَجَلُ

لَاكُــوا قَمِيصِي فَقَــدُّوا الكُــمَّ، ثُمَّ يَدِي

تَأْتِي الغَزَالَةُ، إِيْ، يَخْضَلُّ مَا أَكَلُوا»

كَأَنَّمَــا خُصِفَــتْ أَوْرَاقُ جَنَّتِهَا

عَلَيَّ وَانْصَرَفَتْ، وَتَنْتَهِي العِلَلُ

الَّتِي أَسْفَرَتْ فِي العَتَمةِ

أَضْمَرْتُهَا فِي «هَا» إِذَا يَسْـــأَلُونْ
كَيْ يَسْــتَفِيضُوا كُلُّهُمْ فِي الظُّنُونْ

مُنَبِّهاً لِكَيْ يَهِيمُوا بِهَا
وَلَا يَـــرَوْا وَجهاً لَهَا إِذْ أَصُـــونْ

بَيْنِي وَبَيْنَهَا خُيُوطٌ دَجَتْ
عَـنْ مُبْصِرِيهَا، رُبَّمَا يَشْـعُرُونْ

إِنْ يَعْرِفُوهَا إِنَّنِي طَـــالِبٌ
أَنْ يَكْتُمُوهَـــا، لَيْتَهُـــمْ يَفْعَلُونْ

لِأَنَّنِي تُيِّمْتُ مِنْ ذِكْرِهَا
وَالبَيْنُ قَاتِلِي إِذَا يَحْمِلُونْ

«فِي هَوْدَجٍ زُفَّتْ لِغَيْرِي ضُحَى»
أَخْشَـاهُ إِنْ سَـمَّيْتُ قَـدْ يَخْطُبُـونْ

لَكِنَّنِي لَمَّا أَصَـابَ الكَـرَى
هَذَيْـتُ فَانْجَلَـتْ وَهُـمْ يُنْصِتُـونْ

قَالُوا: عَرَفْنَا «هَا» الَّتِي أَسْـفَرَتْ
مِـنْ قَبْلِنَـا، مِـنْ بَعْدِنَـا، لَا نَخُونْ

«عَيْنَـاً» وَ«رَاءً» قَدْ سَـمِعْنَا كَمَا
ذَكَرْتَ: «بَـاءً» ثُمَّ «يَـاءً» تَكُونْ

«التَّـاء» تَأْنِيـثٌ لَهَـا إِنَّ «هَا»
مَعْشُـوقَتِي الأُولَى، أَمَـا يَعْلَمُونْ؟

غَنَّيْتُهَا فِي غُنَّتِي عَاضِلاً
أَنْ يَخْرُجُوا مِنْ سِرِّ قَيْدِ السُّكُونْ

لَهَا عَلَامَاتٌ عَلَى وَشْيِهَا
حَرِيرُ مَعْنًى دُونَهُ يَقْصُرُونْ

أَوْ يُدْرِكُونَ مَا نَوَتْ نَفْسُ «هَا»
كِتْمَانَهُ عَنِّي لِكَيْ لَا أَهُونْ

فَلَوْ قَرَأْتُ كُلَّ أَسْفَارِهَا
مَجْنُونَهَا أَصْبَحْتُ، فَهْيَ الحَنُونْ

العَيْنُ مِنْهَا كَمْ لَهَا مُقْتَفًى
لُحُونُهَا تَسْبِي صَفِيرَ العُيُونْ

لِكُلِّ لَـفْظٍ أَنْـجُـمٌ تَحْتَهُ

جَمِيعُهَا تَهْدِي فَلَا يَعْمَهُونْ

فَـ«هَا» هِـيَ الَّتِي إِذَا قُلْتُهَا

حُمِّلْتُ هِجْرَاناً لَهَا أَوْ جُنُونْ

حُرُوفُـهَا أَسَـاوِرُ الْمُـزْنِ إِنْ

مَـرَّتْ عَلَـى قَفْـرٍ، وَوَبْـلٌ هَتُونْ

فِي أُذنِـي الْمَسْـعَى عَلَـى رِمَّتِي

نَاشِـرَةً رُوحِـي بِرَشْـمِ الْجُفُـونْ

الظِّلُّ

أَمَـلُ الحَصَـى رَشْـفٌ مِـنَ الطَّـلِّ

ثُـمَّ اخْـضِـرَارُ مَـفَـارِقِ التَّـلِّ

فَتَظُنُّ أَنَّ الغَـادِيَـاتِ إِذَا بَكَتْ

أَوْ زَخْـرَفَتْ لَـمْ يُـمْحَ مِـنْ دَلِّ

قَـدْ أَحْجَمَتْ بَعْدَ النَّـوَالِ، فَكَفُّهَا

مَغْـلُـولَةٌ، أَتُـرَى مِـنَ البُخْـلِ؟

أَوَمَـا دَرَتْ أَنَّ الحَيَـاةَ كَمَـا أَسَـتْ

نَسِيَتْ، قَسَـتْ؟ فَسَرَابُهَـا يُبْلِي!

لَـمَّا تَبَـلَّـلَتِ الـوُرُودُ عَشِيَّةً

وَضُـحًـى تَـصَوَّحَ فَـاتِـنُ الشَّكْلِ

فَكَأَنَّـهُ مَـا كَـانَ يَـوْمـاً مَائِداً
مُتَـخَـايِـلاً أَوْ مُتْـرَفَ العَلِّ

خَـالَ المُـرُوجَ تَصُونُهَا الدُّنْيَا لَنَا
فَوَجَدتُ بَـيْنَ الطَّـيِّ وَالسَّـدْلِ

إِلَّا الِـذي إِن جَـادَ أَقْسَـمَتِ الصَّبَا
نَـشْـرَ الـشَّـذا بِـجَوَانِـح الـرَّمْلِ

وِجهَاتُهَـا مَـا اسْتَحْضَرَتْ كِتْمَانَ مَا
بَـاحَـتْ بِـهِ سَهْـواً عَلَـى ذَهْلِ

فَلِأَنَّـهُ مَـا مَـنَّ يَـوْمـاً بِالنَّدَى
أَجْـلَـى مَعَانِيَهُ عَنِ الـرَّفْلِ

مَـا ذَلِكُـمْ إِلَّا الرَّسُـولُ «مُحَمَّدٌ»
خَيـرُ الـرُّوَاةِ لِمُبْتَغِي النَّهْلِ

لَمَّـا وَرَدتُ تَنَمْنَمَـتْ عَيْنِـي رُؤَى
فَمَدَحْتُ، يَـا بُشْرَايَ إِذْ أُدْلِـي

يَبْقَـى الصَّـدَى مُتَأَنِّساً مِـنْ حَمْلِ مَا
أَفْشَـى، فَمُسْتَمِعٌ لِمَـا يُمْلِي

فَلَـهُ إِذَا سَـاسَ العِبَـادَ تَـوَدُّدٌ
لِـلْمُـزْدَرَى لِشُعُوثَةٍ تُغْلِي

وَتَحَمُّلٌ لِـلْمُزْدَرِي حَتَّـى يَرَى
بِحَصَاتِـهِ نَـدماً عَـلَى الفِعْلِ

حِكَمٌ تُصِيبُ الغَيَّ فِي أَوْهَامِـهِ

فَلَهَا يَغَـارُ الـوَبْـلُ مِـن طَـلِّ

لَا سَقْفَ لِي – وَالشَّمْسُ تَحْرقُ هَامَتِي –

إِلَّا شَـفَـاعَـتُـهُ، فَكَـمْ تُعْلِي

أَوْ أَنَّ رَبِّـي جَاعِلِي مُتَفَيِّئًا

مِـنْ عَـفْـوهِ بِـكَـلاءَةِ الظِّـلِّ

***

يَا أَيُّهَا الكَوْنُ المُحَدِّقُ فِي الخُطَى

أَعَلِمْتَ أَزْكَى مِنْهُ فِي الوَصْلِ؟...

فِي الحِلْمِ أَوْ فِي العَطْفِ مُذْ رَدَمَ العَمَى

وَالحَيْفَ مُحْتَكِماً إِلَى العَذْلِ؟

مَن جَامِعُ الآنَاسِ – حِينَ تَفَرَّقُوا –

بِاللِّينِ حَوْلَ الدِّينِ؟ أَلَا قُل لِي!

لَا تَنْتَظِرْ أَمْــراً لِتُفْصِحَ قَائِــلاً:

إِنَّ الــرَّسُــولَ مُــحَــرِّرُ العَقْلِ

أَوَلَــمْ تَهُزَّ العِطْفَ حَيْثُ تَسَاقَطَتْ

رُطَــباً جَنِــيّاً بُــرْدَةُ النَّخْــلِ؟

فَطَفِقْتَ تَشْدُو بِالثَّنَاءِ عَلَى الـذِي
أَهْـــدَاكَ مَكْـرُمَـةً عَـلَى فَـضْـلِ

أَمْـسِكْ عَلَيْكَ الخَيْرَ مِن كَلِمَاتِهِ،
فَـمِـنَ الكُـلُـومِ تَـطَـاوُلُ الجَهْلِ

وَتَـنَـاوُلُ الشَّـرِّ الشَّـرَارَةَ خِلْسَةً
بَـيْـنَ الـــوَرَى، فَمُحَـلِّلُ القَتْلِ

كَمُبَشِّرٍ بِمُحَمَّدٍ فِي قَوْمِهِ
مَـا زِلْـتَ مُعْتَكِفاً عَلَى الحَفْلِ

لَمْ تَسْتَطِعْ إِكْمَالَهُ، فَلَرُبَّمَا
أَلْـفَـيْـتَـهُ مِـن ذَرَّةِ النَّمْـلِ

فِي حَقِّهِ، أَخَجِلْتَ؟ لَا! حَسْبُ المُنَى

عِندَ المُجِدِّ تَسَلُّقُ الرَّحْـلِ:

خَـرَزٌ تَعَلَّقَ فِي القَلَائِدِ زِينَةً

وَالأَرْضُ تَـغْـزِلُـهُ عَـلَـى كُـحْـلِ

العِطْرُ مِـن رِئَـةِ الحَدَائِقِ فَاغِمٌ

فَـالـرِّيـحُ تَـرْقُـبُـهُ عَـلَـى شُغْلِ

وَالـنَّـوْرُ آخَـى النُّورَ فِي بَسَمَاتِهِ

وَالـجَـدْبُ يَـلْـمِـزُهُ مِـنَ البَـذْلِ

حِوار الوَبْل والرَّمْل

قـــال للرّمـــل في التّصافـــح: إنّي
بسـمة الصبـح إن أتيـت أغنّـي

إنّ نـايـي نفختـه فتـهادى
مـنـه نـشـرٌ مـأوّل للّحن

يـا خليلـي، متى ستذكر سـفرا
كنـت رتّلت حرفه خلـف مُزني؟

إذ تعطّـرت من رضـاب حديثي
وحملت الـورود من دمـع جفني

إنـني أفصـح الـغـيـوم لسانا
خُطبتي في الرّياض تُسمع حُسني

فأجبنــي! «ومــا أبــرئ نفسـي»

إن تبينت في السّــرى خيـط مَنّي

***

أيهــا الوَبْـل كيـف أنكـر بعثـي

مــن رفاتـي! وقـد بكيـت لدفني

فأســوت الجـروح إذ أتشـظى

وبشــلوي بــذرت بعـض التّمنّي

إن صفعـت الخـدود أو كنت فظاً

قلــت: داعبتَ، أو همسـتَ بأذني

لعبَ الشّيبُ في ذوائب رأسي

فتمهّل فسوف أذكر سنّي:

مـدن شُيّدت لشـهقة روحـي

إن تلعثمت فالشّمـائل تُغني

هـي تـأريـخ أُمّـة سَطّرَتْه

في أكفّـي فوشْمه صـار مِنّي

وخُطاهـا تبسّـمت في جبينـي،

هل ترى النّـور في حدائق ذقني؟

إننـي قـد طفقـت أنطـق عنهـا،

ألق لي السـمعَ! لن أسـائل حزني

لا تقـل إننـي قديــم ويطـوى!
صحفـي لـم تنـم لتصنـع كَفنـي

زينـة الأرض أن وقفت عليهـا
أرقـب الفجـر كـي يحـدّث عنّي

صـرح بلقيس فـي ملامح وجهي
ورأيت الشـروق مـن طيف ظنّي

جسـدي جذوة، ومن نار موسى
كم كفلت الأنام في دفء حضني!

حجري مـرآةٌ تصـوّر نهـرا
لدعـاء السّـجود ينـزف مِنّي

لـم أغب عـن عيون قومـي لأنّي
ذكريـات الماضي وسـوف أغنّي

الصداقة

نتغنَّـى بالصبابـات فنّـا	أنـا والفجـر صديقـان إنَّـا

***

طعمهـا مُـرّ، وحلـوا جعلنا	وتقاسمنا صنوف الرزايا
شـعلة الأنوار تبيَضّ حُسـنا	فتماثلنـا كمشـقوقة مـن
فلعـل البـؤس ينـوي ويفنى	ناظريـن الود مـن دون يأس
يحكيان القـرب، كُنا امتزجنا	وتآلفنـا حصـاة ووبـلا
لا نحس الصَهر لمّا شـرعنا	عندمـا يشـغلنا مـا نربّـي
برقاهـا للثرى كـي يحنّـا	دأبنـا غرس السـجايا احتفاء
نحضر التصويـح إلا وجُدنا	ناينـا نعزفـه، إننـا لـم

فبـه جنَّتنـا قـد رعينـا	ساكنيها إذ سـقينا، حفظنـا
ألـف كَـفّ نبـذل الآن حِلْما	في صحاري العُرف حتى تجنّا
ونغذّيهـا مـن الطَـول ندعو	أهلنـا في الإنس نـزداد لحنا
وكلانـا يقتفـي طَيّبـات	مـن تلاقينـا؛ فمـاذا قطعنا؟
جُهدنا في سـعينا فالنواحي	أعتمتْ بالبغض تنهار حزنا
أول الأفعـال أمـر بنُبـل	واهتـداء بالتراتيـل معنى

∗∗∗

ونعيــذ الوصــل ممّـا يعاني   دهْرنـا المفـروق أنّــى تثنّي

خذلته السِــن إذ ضام خدشا   شـرف الميثـاق أن فضّ ظنّا

داؤنــا أن مسّــه طائـف مـن   هـوس التمويـه لمّـا سـألنا

قلـق   ينهشـنا   في   أوان   من دخان الحـرق حتّى تعبنا

يتعاطانـا كثيـفَ النواصـي   نهبتْ يسراه، كيف انصرفنا!

وامتطــاء الوهم تيـه مخيف   خبرته الشـمس حتـى تكنّى

نفسه مدسوســة في السوافي   إنهـا شـوهاء منـذ اختبرنـا

لَيته يسهو عن البطش لمْحاً   كلّ مُمسٍ في نواديه أخنى

يتخلى عن أظافيره أو   يتعالى عن عواديه سَجنا

ويحس الصفح، يسرى إلينا   إذ تواسيه الدعابات مِنّا

ويحاكينا مُصرّا على أن   يكفل الأحلام حتى تعِنّا

ولئن تابعنا لا نجافي   لخطايا كبّلته فعبنا

نبتغي الأعذار إن فاح منها   جذْبه الإصلاح في ما ثكلنا

شللٌ يردي عصافيرنا إن   كتم الإجحاف ما قد حملنا

قفصٌ يطوي العبارات لمّا   عافها الإفصاح أنّا اختلفنا

***

ونزيـل الحقـد عـن عالم من   رحـم الفوضى فقد ضـرّ مِنّا

نقبـل النصـح الـذي يعترينا   رافضيـن البعـد لمّـا تجنَى

خالجتْنـا لـذّة مـن نقـاء   علمتْنا الركض خلف المُمَنّى

* * *

صـاح لـولا أمـل دبّ فينـا   لاندثرنـا مثـل ظِـل تعنّى

وتلاشـى الخير مـن خافقينا   أسـفا فـوق المسـافات حزنا

صِـلْ فـؤادي إنـه فيـك دارٍ   قدره بالأمس، واليوم أسـنى

وحنينـي رَوْحه منـك حاشٍ   كهفـه ليـلاً بجنبيـه سـدنا

كلّمـا غابـت غواديـك أحيي   جدبـه نبضـاً بعِـرْق تسنّى

فيك أجـرت عينـه نهر دمع   إذ رأى منـكَ الكرامات تبنى

للهـوى فـي كنفـي كل حقل   يُفهـم الإقـدام أنّـا اعتبرنـا

هل أنادي منكَ إسعاف فكري   دائمـاً أو ماكثـاً فيـك قرنا؟

فاستمع لـي إننـا لـم نغادر   أبـداً مسـتنجد الحـب أن أنّا

إن نعاتـبْ بعضنا نعتذر عن   حالنـا للموعديـن، اختلفنا

***

أو نحـاور عهدنا نعترف كي   تتنامـى صيحــة الوجـد مِنّا

صبوات الصبـر فينا تداوي   لدغات البحث فالسـطح قنّى

أورقـتْ في منكبينـا خطانا   شـدّنا الإيثـار منها فقمنا

بحياض الوصل أفشت حبال   بيننـا وحدتنـا وقـت صِرنـا

إن تجميع الشعوب ارتمى في   حضننا يقري لِمـا قد صنعنا

كـم عدَونـا خلفـه بافتخار   يعبـق التأريـخ ممـا منحنا

* * *

معشـري لا تعذلوني كثيراً!   أوَذقتـم فرقـة قبـل أرنـى؟

قطعتي في الفجر عاشت تسلّي   كلمـا جـاء استهمنا فغُصنا

85

الفهرس